Christopher Bengner

Biometrie in Ausweisdokumenten

Der Europapass und der neue Personalausweis

GRIN Verlag

Bibliografische Information der Deutschen Nationalbibliothek:

Die Deutsche Bibliothek verzeichnet diese Publikation in der Deutschen National-
bibliografie; detaillierte bibliografische Daten sind im Internet über http://dnb.d-
nb.de/ abrufbar.

Impressum:

Copyright © 2011 GRIN Verlag GmbH
Druck und Bindung: Books on Demand GmbH, Norderstedt Germany
ISBN: 978-3-656-02064-6

Dieses Buch bei GRIN:

http://www.grin.com/de/e-book/179548/biometrie-in-ausweisdokumenten

FH Hannover, Seminararbeit 4. Semester 2011

Biometrie in Ausweisdokumenten

Der Europapass und der neue Personalausweis

Dennis Martens, Christopher Bengner
5/24/2011

Inhaltsverzeichnis

Abbildungszverzeichnis

Tabellenverzeichnis

Biometrie in Ausweisdokumenten:
Der Europapass und der neue Personalausweis

Dennis Martens
Student

dennis.martens@stud.fh-hannover.de

Christopher Bengner
Student

christopher.bengner@stud.fh-hannover.de

ABSTRACT [B]

Aussehen und Aufbau vom neuen Personalausweis und Reisepass. Gespeicherte Informationen auf den Dokumenten. Eine kurze Beschreibung über die Biometrie. Detaillierte Beschreibung der elektronisch gespeicherten Daten. Auflistung und Erklärung der verwendeten Technik in den Ausweisdokumenten. Funktionsweise von EAC, BAC, PACE welche für den Datenzugriff verwendet werden. Erklärung der Diffie-Hellmann-Verschlüsselung welche im PACE-Protokoll verwendet wird.

Keywords [B]

Personalausweis, Reisepass, Biometrie, Europapass, nPA, ePass, RFID-Chip, Fingerabdruck, MRZ, BAC, PACE, EAC, Transponder, Digitale Signaturen, PIN, PUK, Lesegerät

1. EINLEITUNG [M]

Biometrie in Ausweisdokumenten, was genau kann man darunter verstehen? Seit dem 1. November 2005 wurde der neue elektronische Reisepass (ePass) in Deutschland eingeführt. 5 Jahre später folgte der neue Personalausweis (nPA). In diesen Dokumenten wird vom Besitzer eine Reihe von Informationen gespeichert. Neu hinzugekommen sind die biometrischen Informationen die einen Menschen eindeutig Identifizieren können. Diese biometrischen Daten werden auf den Ausweisdokumenten gespeichert und können an Grenzen, Flughäfen oder Gefängnissen kontaktlos ausgelesen werden. Damit eine fremde Person nicht an die vertraulichen Daten gelangt, werden diese von den Ausweisen ver- und entschlüsselt.

In der nachfolgenden Ausarbeitung gehen wir auf die thematischen Punkte genauer ein und zeigen auch kritische Aspekte der neuen Ausweisform auf.

2. AUSSEHEN UND AUFBAU

2.1 Aussehen des neuen Personalausweises [B]

Der neue Personalausweis (nPA) hat eine Größe von 8,6 cm mal 5.4 cm. Damit hat er die gleichen Maße wie auch eine Geld oder Kreditkarte.

Er besteht aus mehreren Schichten Kunststoff und hat dadurch eine hohe Festigkeit. Das folgende Foto zeigt den genauen Aufbau und sichtbaren Inhalt des neuen Personalausweises.

Abbildung 1 Vorderseite des nPA [1]

Abbildung 2 Rückseite des nPA [1]

2.2 Aufbau des neuen Personalausweises [B]

Der neue Personalausweis entspricht der e-Card Strategie der Bundesregierung Deutschland.

Der nPA wurde auf das Scheckkartenformat (Formfaktor ID-1) verkleinert. Er besteht im Gegensatz zum alten Personalausweis jetzt komplett aus Kunststoff. Ein passiver RFID-Chip nach ISO 14443 ist in der Karte eingebaut. Dieser Chip besitzt eine Speichergröße von 64 Kbyte [2] und wird von Infineon hergestellt. Zusätzlich beinhaltet er noch einen kryptographischen Coprozessor. Somit wird der nPA zur Smartcard. Um den Rand der Karte wurde eine Antenne aus Kupfer integriert, welche zum senden, empfangen und auch zur Stromerzeugung dient. Auf der Rückseite befindet sich eine MRZ (Machine Readable Zone, Maschinenauslesbarer Bereich).

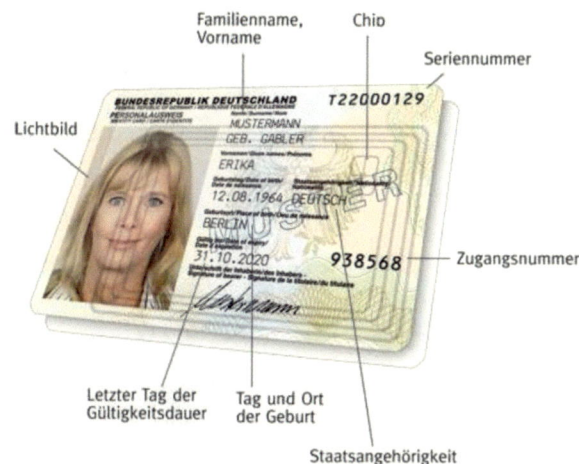

Abbildung 3 Aufbau des nPA [1]

2.3 Aussehen des neuen Reisepasses [M]

Der neue Reisepass oder ePass besteht wie auch der alte Reisepass aus mehreren Seiten Papier die wie ein kleines Buch gebunden sind.

Abbildung 4 zeigt den genauen Aufbau und Aussehen des neuen Reisepasses.

Abbildung 4 Aussehen und Aufbau des ePass [3]

2.4 Aufbau des neuen Reisepasses [M]

Der ePass misst mit 13,0 mal 9,4 cm die gleichen Maße wie der alte Reisepass. Er erfüllt alle Vorgaben des ICAO Standards 9303 [4]. Der ePass besitzt 32 Seiten für Visumstempel und eine Datenseite. Die Datenseite wird durch zwei Lagen Laminat geschützt. Sie enthält auf der vorderen Unterseite eine MRZ. Die

vordere Umschlagseite des ePass enthält den RFID-Chip sowie die Antennenspule welche zur Kommunikation und zur Stromversorgung dient. Der Chip besitzt einen kryptografischen Coprozessor und hat eine Speicherkapazität von 72Kbyte.

2.5 Informationen auf dem neuen Personalausweis [B]

Auf dem neuen Personalausweis stehen die gleichen Informationen wie auch beim alten Personalausweis. Es sind aber auch neue Informationen hinzugekommen welche im folgenden Kapitel genauer beschrieben werden.

Auf der Vorder- und Rückseite wird eine Vielzahl an visuellen Informationen gespeichert. Schon auf dem alten Personalausweis wurde neben den Nachnamen der Geburtsname, Vorname / Vornamen, biometrisches Foto, Geburtstag, Geburtsort, Gültigkeitsdatum, Unterschrift, Straße und Ort, Größe, Augenfarbe, Staatsangehörigkeit, Ausweisnummer sowie die ausstellende Behörde und das Ausstellungsdatum gespeichert. Neu hinzugekommen ist die Zugangsnummer für die eID-Funktion.

Nicht alle Daten die aufgedruckt sind befinden sich auch im RFID-Chip. So fehlen etwa die Körpergröße, Augenfarbe, Unterschrift und die Staatsangehörigkeit. Siehe Tabelle 1 und Tabelle 2. Die Körpergröße und die Augenfarbe fallen weg, da durch das Biometrische Foto eine sehr genaue Identifikation der Person durch ihr Aussehen möglich ist. Die Unterschrift und die Staatsangehörigkeit fallen durch die eID-Funktion weg. Im Chip befinden sich optional zwei Fingerabdrücke. Jeder Antragsteller kann selbst entscheiden, ob er seinen linken und rechten Zeigefinger auf dem Personalausweis speichern lassen will. Interessanterweise befindet sich auch der Doktorgrad, falls einer vorhanden ist, auf dem Chip.

Tabelle 1 Informationen auf dem nPA 1

Personalausweis	nPA Visuell
Foto	Biometrisches Foto
Name	Name
Vorname	Vorname
Geburtsdatum	Geburtsdatum
Staatsangehörlgkeit	Staatsangehörigkeit
Geburtsort	Geburtsort
Unterschrift	Unterschrift
Augenfarbe	Augenfarbe
Größe	Größe
Anschrift ohne PLZ	Anschrift ohne PLZ
Ausweisnummer	Ausweisnummer
Gültigkeitsdatum	Gültigkeitsdatum
Ausstellungsdatum	Ausstellungsdatum
Ausstellende Behörde	Ausstellende Behörde
	Ordens- oder Künstlername
	Zugangsnummer

Tabelle 2 Informationen auf dem nPA 2

nPA Chip	nPA MRZ
Biometrisches Foto (digital)	Dokumentenart
Name	Name
Vorname	Vorname
Geburtsdatum	Geburtsdatum
Anschrift mit PLZ	Staatsangehörigkeit
Geburtsort	Ausstellende Behörde
Ausweisnummer	Ausweisnummer
Gültigkeitsdatum	Gültigkeitsdatum
Ausgebender Staat	Ausgebender Staat
Ordens- oder Künstlername	
Doktorgrad	
zwei Fingerabdrücke (optional)	

2.6 Informationen auf dem neuen ePass [M]

Im neuen ePass stehen eine Menge visueller Informationen die im folgenden Kapitel genauer erklärt werden.

Auf der Datenseite befinden sich der Familienname, Vorname, Geburtsdatum, Geburtsort, Staatsangehörigkeit, Lichtbild, Unterschrift, Ausstellungsdatum, Gültigkeitsdauer, ausstellende Behörde, Passnummer sowie die Dokumentenart und der Dokumentencode. Zusätzlich befindet sich eine zweizeilige MRZ am unteren Rand.

Auf dem RFID-Chip des ePass werden Lichtbild, Unterschrift, Familienname, Vorname, Titel, Künstlernamen, Tag und Ort der Geburt, Geschlecht, Größe, Farbe der Augen, Wohnort und Staatsangehörigkeit gespeichert.

3. BIOMETRIE

3.1 Biometrisches Foto [M]

Ein biometrisches Foto dient der Erkennung von Personen anhand ihrer biometrischen Merkmale. Die Biometrie ist eine Ergänzung zur PIN / Passwort Abfrage. Die körperlichen Merkmale sind, im Gegensatz zu Wissen- oder Besitzmerkmalen, personengebunden und einmalig. Damit es zu keiner Verfälschung kommt, gibt es eine Reihe von Merkmalen, welche von der Bundesdruckerei vorgeschrieben werden.

Die Fotos müssen auf einem hochwertigen Papier gedruckt werden und die Aufnahme sollte mindestens mit einer Auflösung von 600dpi aufgenommen sein. Die Personen dürfen keine Kopfbedeckung tragen. Ausnahmen sind religiöse und politische Gründe. Das Foto muss von der Kinnspitze bis zum oberen Kopfende aufgenommen werden und mindestens 70 – 80% an Platz einnehmen [7]. Damit wird sichergestellt, dass der Kopf möglichst vollständig abgebildet ist und nicht an Gesichtsgröße verliert. Das Bild muss scharf und kontrastreich sein, darf aber keine roten Augen, Reflektionen oder Schatten beinhalten. Der Hintergrund der Aufnahme sollte möglichst neutral sein. Die Farbe grau bietet sich hierfür an. Bei Brillen ist darauf zu achten, dass sie keine getönten Gläser haben oder Reflektionen verursachen.

3.2 Unterschied zu normalen Fotos [M]

Der Unterschied zu normalen Passfotos ist, dass es genaue Richtlinien gibt [Kap 3.1]. Nur wenn diese Richtlinien eingehalten werden, kann mittels des Gesichtsmetrik Algorithmus eine biometrische Erkennung durchgeführt werden.

Die Folgenden Bilder zeigen die genaue Größe und Ausrichtung einer Person.

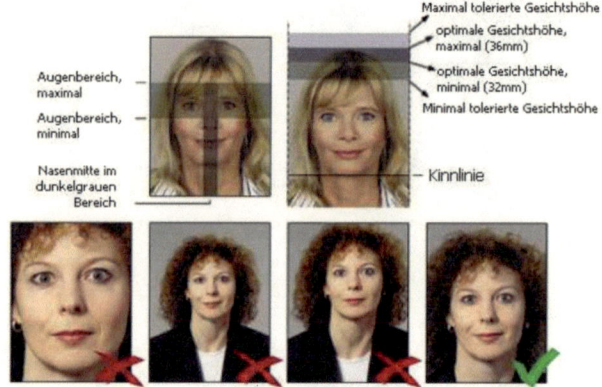

Abbildung 5 Aussehen des Biometrischen Fotos [7]

3.3 Biometrischer Fingerabdruck [B]

Ein Fingerabdruck ist eine Abbildung der Leistenhaut vom letzen Glied eines Fingers oder Fußes.

Der Fingerabdruck einer Person gilt als einzigartig, da noch nie zwei identische Abdrücke gefunden wurden. Selbst eineiige Zwillinge besitzen unterschiedliche Fingerabdrücke. Mathematisch gesehen beträgt die Wahrscheinlichkeit, dass zwei Personen einen identischen Fingerabdruck haben 1 zu 64 Milliarden [8].

Die Papillarleisten eines Fingers besitzen verschiedene Endungen und Verzweigungen. Diese werden als Minutien bezeichnet. Die Minutien entstehen beim Wachstum eines Menschen und sind im Erwachsenenalter unveränderlich. Die Minutien werden in drei Merkmale unterteilt: Schleifen, Bögen und Windungen.

Tabelle 3 Fingerabdruck Merkmale [9]

Schleife	Bogen	Windung

4. DATENSPEICHERUNG UND SPEICHERORT

4.1 Datenspeicherung und Speicherort nPA [B]

Das biometrische Foto wird von der Ausweisbehörde als BMP digitalisiert und als JPEG2000-Datei im RFID-Chip gespeichert. Das Lichtbild belegt 11 Kbyte Speicher [2]. Die Fingerabdrücke werden als eine BMP-Datei mit einer Auflösung von 1000 dpi digitalisiert. Sie werden als WSQ-Dateien (Wavelet Scalar Quantization) [24] im RFID-Chip gespeichert [10].

Die Daten auf dem Personalausweis werden in drei Anwendungen aufgeteilt.
- Biometrieanwendungen
- eID-Anwendungen
- Signaturanwendungen

Für Biometrieanwendungen werden die Daten wie von der ICAO [4] vorgegeben in folgende Datengruppen gespeichert. Siehe Tabelle 4. Die Datengruppen DG4 bis DG16 sind nicht belegt.

Tabelle 4 nPA Datengruppen für Biometrieanwendungen

Datei	Inhalt
EF.SOD	Hashwerte der Datengruppe DG1, DG2 und DG3
DG1	Daten der MRZ (maschinenlesbare Zone), wie auf dem nPA aufgedruckt
DG2	Digitales Lichtbild, identisch mit dem aufgedrucktem Bild auf der Vorderseite
DG3	Zwei Fingerabdrücke (optional). Enthält einen zufälligen Wert falls keine Fingerabdrücke existieren.

Mit dem neuen Personalausweis ist es möglich sich im Internet elektronisch auszuweisen. Diese Funktion wird „eID" genannt. eID-Anwendungen dürfen nur auf bestimmte Informationen zugreifen. Für eID-Anwendungen werden die Daten in folgende Datengruppen gespeichert [11]. Siehe Tabelle 5.

DG1: Der Dokumententyp beim nPA ist immer „ID".

DG8: Das Geburtsdatum kann auch unvollständig sein, da nicht bei allen Ausweisinhabern das Geburtsdatum bekannt ist. Das Geburtsdatum wird im Format JJJJMMTT gespeichert. Unbekannte Teile des Datums werden mit Leerzeichen gefüllt (z.B. 1940 28).

DG17: Der Wohnort wird als strukturierte Adresse (structuredPlace gemäß [11]) bestehend aus Straße mit Hausnummer, Wohnort, Postleitzahl und Länderkennung gespeichert. Wohnt die Person im Ausland, so wird statt der „structuredPlace" ein „noPlaceInfo" gemäß [11] bestehend aus dem Text „keine Hauptwohnung in Deutschland" gespeichert.

DG18: Die Wohnort-ID besteht aus 14 dezimalen Ziffern und setzt sich wie folgt zusammen:

Die ersten vier Ziffern stehen für den Ländercode. Die erste Ziffer ist eine „0" gefolgt von drei weiteren Ziffern gemäß ISO 3166-1 numeric [12]. Deutschland wäre in diesem Fall die „0276"

Die Ziffern fünf bis sechs stehen für das Bundesland gemäß des amtlichen Gemeindeschlüssels (AGS).

Die siebte Ziffer ist eine „0" gefolgt von einer Ziffer die für den Regierungsbezirk gemäß AGS steht.

Die Ziffern neun und zehn stehen für den Stadtkreis gemäß AGS.

Die elfte Ziffer ist eine „0" gefolgt von drei Ziffern die für die Gemeinde gemäß AGS steht.

Tabelle 5 nPA Datengruppen für eID-Anwendungen

Datei	Inhalt
DG1	Dokumententyp
DG2	ausgebender Staat
DG3	Ablaufdatum (im Format JJJJMMTT)
DG4	Vorname / Vornamen
DG5	Familienname
DG6	Ordens- Künstlername
DG7	Doktorgrad
DG8	Geburtsdatum (im Format JJJJMMTT)
DG9	Geburtsort
DG17	Adresse
DG18	Wohnort-ID
DG21	Vergleichsgeburtsdatum für Altersverifikation
DG21	Schlüssel für dienstanbieterspezifisches Sperrmerkmal
DG21	Schlüssel für dienst- und kartenzpezifische Kennung

Die Signaturanwendung dient zur Erstellung von elektronischen Signaturen. Die Signaturanwendung erlaubt das Anlegen eines Schlüsselpaares für QES (qualifizierte elektronische Signaturen). Siehe Kapitel 5.8 Digitale Signaturen.

Die maschinenlesbare Zone des nPA besteht aus drei Zeilen:
- Zeile 1 besteht aus zwei Teilen.
  - Dokumentenart;
    - IDD (Identitätskarte Deutschland) gefolgt von „<<"
  - Ausweisnummer;
    - Die Ziffern 1. bis 4. sind die Kennzahl der ausstellenden Behörde
    - Für die Ziffern 5. bis 9. werden zufällige Zahlen vergeben
    - Die 10. Ziffer ist die Prüfziffer
    - Die ungenutzten Felder werden mit dem Füllzeichen „<" aufgefüllt
- Zeile 2 besteht aus vier Teilen
  - Geburtsdatum;
    - im Format JJMMTT
    - gefolgt von einer Prüfziffer und einem Füllzeichen „<"
  - Letzter Tag der Gültigkeit;
    - im Format JJMMTT
    - Gefolgt von einer Prüfziffer
  - Staatsangehörigkeit;
    - „D" für Deutschland

- Die ungenutzten Felder werden mit dem Füllzeichen „<" aufgefüllt
- Zeile 3 besteht aus einem Teil.
  - Name;
    - Familienname
    - Vorname
    - Die ungenutzten Felder werden mit dem Füllzeichen „<" aufgefüllt

4.2 Datenspeicherung und Speicherort ePass [M]

Der ePass hat neben seinem Papieranteil auch einen RFID-Chip verbaut. Auf diesen werden die biometrischen Daten verschlüsselt gespeichert und können mittels Lesegerät abgerufen werden.

Die folgenden Kapitel befassen sich mit der Datenspeicherung, der Frage welche Informationen gespeichert werden und dem Speicherort – der RFID-Chip sowie die MRZ.

Der ePass enthält die biometrischen Merkmale Gesicht und Finger des Passinhabers. Bei den Fingerabdrücken werden genau Zwei gespeichert. Alle diese Daten werden auf dem RFID-Chip (Radio Frequency Identification) gespeichert.

Das biometrische Foto wird wie beim nPA von der Ausweisbehörde als BMP digitalisiert und als JPEG2000-Datei im RFID-Chip gespeichert. Das Lichtbild belegt 11 Kbyte Speicher [2]. Die Fingerabdrücke welche beim ePass Pflicht sind, werden als eine BMP-Datei mit einer Auflösung von 1000 dpi digitalisiert. Sie werden als WSQ-Dateien im RFID-Chip gespeichert[10].

Die Daten werden wie von der ICAO [5] vorgegeben in folgende Datengruppen gespeichert:

DG3: Die Fingerabdrücke beim ePass sind gegenüber dem nPA Pflicht.

DG4: Speicherplatz für die Iris ist auf dem Reisepass vorhanden. Er wird aber momentan nicht benutzt.

DG11: Hier werden Familienname, Vorname, Titel, Künstlername, Geburtstag, Geburtsort, Geschlecht, Größe, Farbe der Augen, Wohnort und Staatsangehörigkeit gespeichert.

Tabelle 6 ePass Datengruppen

Datei	Inhalt
DG1	Daten der MRZ (maschinenlesbare Zone), wie auf dem ePass aufgedruckt
DG2	digitales Lichtbild, identisch mit dem aufgedrucktem Bild auf der Vorderseite
DG3	digitale Fingerabdrücke
DG4	Iris (wird momentan nicht benutzt und ist daher leer)
DG11	Details zur Person
DG15	public Key

Die MRZ auf dem ePass ist in zwei Zeilen aufgeteilt und entspricht damit den td-3 Format [4]. Wenn eine Nummer oder ein Name kürzer ist als die Anzahl der Felder, so werden diese mit einem Füllzeichen ersetzt (vgl. Kapitel 4.6). Hinter bestimmten Einträgen steht eine Prüfzahl. Die Prüfzahl ist eine speziell generierte Zahl die von dem OCR eingelesen wird. Danach kann die Software feststellen ob beim einlesen des Wertes ein Fehler aufgetreten ist.

Die nachfolgende Struktur zeigt den Aufbau und dessen Bedeutung im Detail:

Zeile eins

- Ziffer 1 ist die Ausgabe des ePass
- Ziffer 2 ist ein Leerzeichen „<"
- Ziffer 3 – 5 Keine Benutzung, werden aufgefüllt
- Ziffer 6 – 44 Nachname gefolgt von zwei Auffüllern und die Vornamen

Zeile zwei

- Ziffer 1 - 9 ist die Passnummer
  Ziffer 10 ist die Prüfzahl für die Passnummer
- Ziffer 11 – 14 ausstellendes Land
- Ziffer 14 – 19 Geburtsdatum YYYYMMDD
- Ziffer 20 Prüfzahl für Geburtsdatum
- Ziffer 21 Geschlecht der Person
- Ziffer 22 – 27 Ablaufdatum vom Reisepass
- Ziffer 28 Prüfzahl für Ablaufdatum
- Ziffer 29 – 42 Personalnummer, kann vom auszustellenden Land beliebig genutzt werden. In Deutschland wird es bis jetzt nicht benutzt.
- Ziffer 43 – 44 ist eine Prüfzahl

4.3 Das RFID System [M]

Zu dem RFID System zählen zwei Komponenten, der Transponder und das Lesegerät. Der Transponder stellt den eigentlichen Datenträger dar auf dem Daten gespeichert werden und mittels Mikroprozessor auch verarbeitet werden können.

4.4 Der Transponder [M]

Bei dem ePass ist der Transponder, der integrierte RFID–Chip auf dem die biometrischen Daten gespeichert werden. Die ICAO hat sich für den RFID–Chip gemäß dem Standard ISO/IEC 14443 entschieden [13]. Der Mikroprozessor stellt die benötigten Funktionalitäten um die Sicherheitsfunktionen zu gewährleisten. Eine genauere Aufschlüsslung zum Thema Sicherheit befindet sich im Kapitel 5 „Sicherheitsverfahren".

Der RFID–Chip arbeitet mit einer Frequenz von 13,56 MHz. Dies ist eine Weltweit freie Frequenz und kann aus diesem Grund im jeden Land genutzt werden. Eine Dämpfung kann nur von Metallummantelungen hervorgerufen werden. Ein Körper oder Wasser stellt kein Problem dar. Chips solcher Bauart haben sich über Jahre im Einsatz bewährt. Sie bieten genügend Speicherkapazitäten, eine ausreichende **Datentransferrate und die Möglichkeit mehrere Pässe gleichzeitig auszulesen.** Die Leistung reicht aus um die notwendigen Verschlüsslungen und Identifizierungsfunktionen zu gewährleisten.

Die Lesereichweite beträgt bis zu 10 cm, damit wird das unerlaube Aus- und Mitlesen erschwert.

Das Format des Reisepasses muss aufgrund der Bauart nicht geändert werden.

4.5 Das Lesegerät [M]

Lesegeräte an Grenzen und Flughäfen sind in der Lage den RFID–Chip mittels Induktion mit Energie zu versorgen und damit die Daten kontaktlos auszulesen.

Bei einer solchen kontaktlosen Übertragung besteht die Möglichkeit des unberechtigten Mitlesens von Daten seitens Dritter. Dieses wird verhindert durch den Einsatz verschiedener Verschlüsslungen und Sicherheitsstufen.

4.6 Machine Readable Zone (MRZ) [M]

MRZ steht für „Machine Readable Zone" und ist der sichtbare Bereich in einem Ausweisdokument der mit einer optischen Texterkennung ausgelesen werden kann. Dieser Bereich befindet sich im unteren Teil eines Ausweisdokumentes.

Damit ein Auslesen immer möglich ist, wird eine spezielle Schriftart dafür verwendet. Die Schriftart OCR-B ist nicht proportional. Das heißt, dass jedes Zeichen die gleiche Laufweite hat. An Stelle von Leerzeichen wird das Symbol „<" verwendet.

Der Inhalt von den MRZ ist durch die ICAO standardisiert worden. In der MRZ werden Name, Dokumentennummer, Nationalität, Geburtsdatum, Geschlecht und Ablaufdatum kodiert gespeichert. Die Vorgaben dafür sind im ICAO Dokument [15] festgehalten.

Der Standard für die verschiedenen Ausweisdokumente wird in dem ICAO 9309 Dokument festgehalten. Dieser Standard beinhaltet drei Formate des MRZ:

1. dreizeiliger Bereich mit jeweils 30 Zeichen pro Zeile, wird bei kleinen Ausweisdokumenten auf der Rückseite verwendet

2. zweizeiliger Bereich mit jeweils 36 Zeichen pro Zeile, wird bei mittleren Ausweisdokumenten verwendet und ist auf der Vorderseite angebracht

3. ein zweizeiliger Bereich mit jeweils 44 Zeichen pro Zeile, dieser Standard wird bei Reisepässen verwendet

MRZ im Format td-3 (MRP, machine readable passport)
```
P<D<<ADENAUER<<KONRAD<HERMANN<JOSEPH<<<<<<<<
1234567897D<<7601059M6704115<<<<<<<<<<<<<<2
```

MRZ im Format td-2
```
IDD<<ADENAUER<<KONRAD<HERMANN<JOSEPH
1234567897D<<7601059M6704115<<<<<<<2
```

MRZ im Format td-1
```
IDD<<1234567897<<<<<<<<<<<<<<<
7601059M6704115D<<<<<<<<<<<<<2
ADENAUER<<KONRAD<HERMANN<JOSEP
```
Abbildung 6 MRZ Formate [16]

5. SICHERHEITSVERFAHREN

5.1 Basic Access Control (BAC) [M]

Der „Basic Access Control" stellt den Grundstein für die Verschlüsselung auf den neuen elektronischen Ausweisdokumenten dar.

Bei dem alten Reisepass wurde durch die Aushändigung indirekt eingewilligt die Daten zu lesen. Bei dem neuen ePass ist das nicht mehr nötig, da die Daten kontaktlos übertragen werden können. Dieses ist erst dann möglich, wenn der Passinhaber seinen Pass aushändigt und die MRZ mit einem OCR ausgelesen wird.

Für den ersten Teilschlüssel werden von der MRZ nur drei Datensätze verwendet – Dokumentennummer, Geburtsdatum und Ablaufdatum. Diese drei Bestandteile werden durch eine Prüfsumme gesichert. Dadurch können Fehler beim Einlesen per OCR erkannt werden und die Datenintegrität wird gewahrt.

Die Stärke des Zugriffsschlüssels wird von der ICAO und BSI mit max. 56 Bit angegeben [14] [19]. Mit dem BAC werden keine sensiblen Daten, wie z.B. der Fingerabdruck geschützt.

Der Authentifizierungsprozess zwischen dem Ausweisdokument und dem Lesegerät erfolgt in mehreren Schritten.

1. MRZ mittels OCR einlesen, K_Chip wird erstellt und dem Lesegerät mitgeteilt.
2. RFID–Chip generiert eine Zufallszahl R_Chip und schickt diese an das Lesegerät.
3. Das Lesegerät erstellt den ersten Teil des Schlüssels und schickt ein Chiffrat aus R_Lesegerät, R_Chip und K_Lesegerät an den RFID–Chip.
4. Der RFID–Chip entschlüsselt das Chiffrat und überprüft ob R_Chip korrekt enthalten ist.
5. Die Daten werden verschlüsselt und ein Chiffrat aus R_Chip, R_Lesegerät und K_Chip wird an das Lesegerät geschickt.
6. Das Lesegerät entschlüsselt die Daten und überprüft ob beide Zufallszahlen R_Chip und R_Lesegerät korrekt enthalten sind.
7. Wenn alles korrekt abgelaufen ist, ist die Kommunikationsverbindung ab jetzt verschlüsselt.

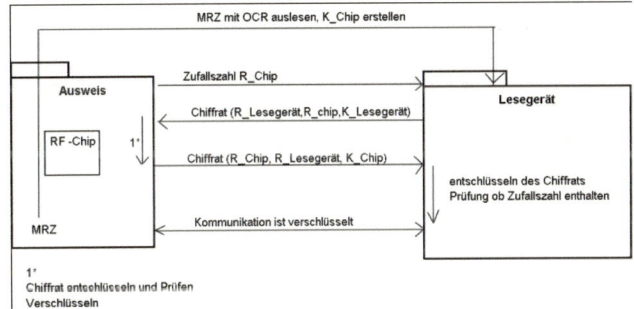

Abbildung 7 BAC Zugriffskontrolle

5.2 Kryptographische Sicherheit von Basic Access Control [M]

Der Schlüssel für das BAC setzt sich aus drei Teilen zusammen, dem Ablaufdatum des Passes, dem Geburtsdatum und der Passnummer. Diese drei Werte ergeben einen Schlüssel von max. 56 Bit. Durch verschiedene Ablaufdaten und Wochentage ergibt sich ein Faktor von ca. 10^3. Da sich die Wertebereiche einschränken lassen sinkt die effektive Schlüssellänge. In Deutschland ist die Passnummer neunstellig. Daraus ergeben sich 10^9 theoretische Möglichkeiten. Die Passnummern werden aber nicht zufällig vergeben sondern jede der 6500 Passbehörden hat eine feste vierstellige Kennzahl. Danach folgt dann eine fünfstellige zufällige Zahl. Wenn es eine zehnte Zahl geben sollte, kann diese vernachlässigt werden, da es sich hierbei um eine

Prüfzahl handelt. So ergeben sich nur noch 10^5 Möglichkeiten. In der nachfolgenden Tabelle 7 kann man genau abgelesen, wie stark ein Schlüssel unter einer bestimmten Bedingung schwankt.

Tabelle 7 Tatsächliche Schlüssellänge von BAC bei 10^9 zufälligen Passnummern [21]

Schlüssellänge 10^9	Ausstellungs tage pro Jahr **	Geb.	Geb. geschätz t +-5	Geb. beschrä nkt 16 – 65 Jahre	Geb. nicht bekannt 100 Jahre
1 Jahr nach Einführung	253	38	50	52	53
10 Jahre nach Einführung	253	41	53	55	56
Schlüssellänge 10^5					
1 Jahre nach Einführung	253	25	36	39	40
10 Jahre nach Einführung	253	28	40	42	43

** 253 Tage pro Jahr unter der Annahme, dass an Wochenenden und Feiertage keine Pässe ausgestellt werden.

5.3 Extended Access Control (EAC) [M]

Damit die sensiblen Daten auf dem RFID–Chip zusätzlich gesichert werden können, wurde das auf dem „Public Key Authentifizierungsmechanismus" basierende Extended Access Control vorgesehen. Dieses Verfahren verwendet zusätzlich einen über das Public Key Kryptographie, ausgehandelten Sitzungsschlüssel D-H-S.

Um die Daten auszulesen benötigen die Lesegeräte einen geheimen Authentifizierungsschlüssel, der über eine Zertifikatskette bestätigt werden muss.

Jedes Ausstellerland kann mit Hilfe von digitalen Signaturen bestimmten, welches Land welche Daten auslesen darf und welche nicht.

5.4 Password Authenticated Connection Establishment (PACE) [B]

PACE (Password Authenticated Connection Establishment) ist ein Kryptografisches-Protokoll. Es sorgt für einen sicheren Aufbau der Verbindung zwischen dem Lesegerät (Terminal) und dem Chip des nPA. Es wird beim nPA anstelle des beim ePass eingesetzten BAC benutzt. Siehe Abbildung 8. PACE verwendet elliptische Kurven und die PIN des nPA um einen Schlüssel zu erzeugen. PACE bietet einen wesentlichen Vorteil gegenüber BAC, es unterstützt mehrere Passwörter welche auch dynamisch sind. RFID-Chips sind kontaktlos auslesbar und deshalb auch anfällig gegenüber „Brute-force"-Angriffen welche die geheime PIN herausfinden wollen. Um „Brute-force"-Angriffe abzuschwächen, verwendet PACE ein Konzept des verzögerten Blockierens. Nach zwei fehlgeschlagenen Eingaben muss zuerst die PUK (Personal Unblocking Key) eingegeben werden. Erst nach erfolgreicher Eingabe des PUKs gibt es einen weiteren Versuch die PIN einzugeben. Bei erneuter Falscheingabe wird die eID-Funktion gesperrt. Siehe Abbildung 9.

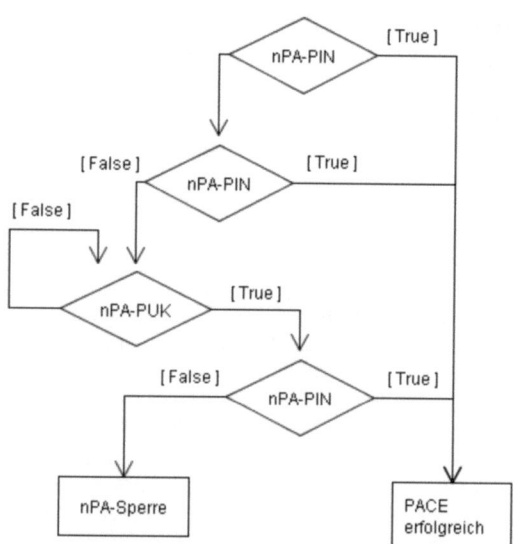

Abbildung 8 PIN-Eingabe beim PACE-Protokoll

5.5 Protokoll von PACE [B]

Unter Verwendung des Diffie-Hellman-Verfahrens (D-H) wird ein gemeinsamer Schlüssel für die Kommunikation zwischen RFID-Chip und Lesegerät generiert. Die PIN des nPA wird dabei für die Verschlüsselung des generierten Schlüssels verwendet und ist somit das Passwort. Für die erfolgreiche Entschlüsselung muss am Lesegerät die PIN eingegeben werden. Bei einer falschen oder bei einer leeren Eingabe schlägt das PACE-Protokoll fehl [17]. Das PACE-Protokoll durchläuft folgende Schritte:

1. Der nPA Chip generiert zufällig eine Zahl und verschlüsselt diese zu einem Kryptotext welcher aus der bekannten PIN abgeleitet wird und überträgt ihn mit den Diffie-Hellman-Parametern zum Lesegerät.
2. Das Lesegerät entschlüsselt durch die Ableitung des Schlüssels aus der PIN den Kryptotext.
3. Beide Geräte generieren jeweils flüchtige Diffie-Hellman-Schlüssel.
4. Die jeweils bekannten Diffie-Hellmann-Schlüssel werden ausgetauscht. Damit bestimmt sich der geheime und gemeinsame Schlüssel.
5. Daraus werden ein Sitzungsschlüssel und ein Integritätsschlüssel abgeleitet.
6. Der Chip und das Terminal erzeugen jeweils ein Authentifizierungstoken.
7. Beide prüfen diesen Token.
8. Der neue Schlüssel wird für die nachfolgende sichere Übertragung verwendet.

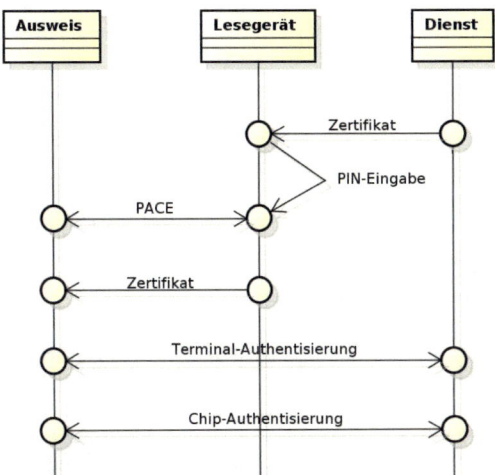

Abbildung 9 PACE Zugriffskontrolle

5.6 Diffie-Hellman-Verschlüsselung [B]

Die Diffie-Hellman-Verschlüsselung ist ein wichtiger Bestandteil des PACE-Protokolls, weshalb kurz auf die grundlegende Idee des Diffie-Hellman-Schlüsselaustausches eingegangen werden soll.

Der Diffie-Hellman-Schlüsselaustausch ist ein Protokoll der asymmetrischen Kryptografie. Der Diffie-Hellman-Schlüsselaustausch wurde von Whitfield Diffie und Martin Hellman entwickelt. Es wurde erstmals im Jahr 1976 in der Forschungsarbeit „New Directions in Cryptography" [18] publiziert.

Die Verschlüsselung basiert auf der Unlösbarkeit des diskreten Logarithmus für hinreichend große Zahlen. Nach dem Austausch des Schlüssels werden die Daten mit Hilfe eines symmetrischen Kryptografiesystems übermittelt. Der Ablauf ist wie folgt:

1. Alice und Bob besitzen jeweils eine beliebige Primzahl p und eine natürliche Zahl g.
2. Alice wählt eine geheime Zahl x und berechnet
$A = g^x (mod\ p)$.
3. Alice schickt A an Bob.
4. Bob wählt eine geheime Zahl y und berechnet
$B = g^y (mod\ p)$.
5. Bob schickt B an Alice.
6. Alice berechnet $k_1 = B^x (mod\ p)$.
7. Bob berechnet $k_2 = A^y (mod\ p)$.
   Es gilt $k_1 = k_2 =: k$.

k wird jetzt als gemeinsamer Schlüssel verwendet. Für das Entschlüsseln der Daten zwischen Bob und Alice müsste man jetzt den diskreten Logarithmus für eine größere Zahl lösen. Dies ist mit der heutigen Technik nicht möglich. Eine 128-bit Zahl k kann also heutzutage relativ gefahrlos für eine sichere Kommunikation verwendet werden.

5.7 Public Key Infrastructure (PKI) [B]

PKI steht für Public-Key-Infrastructure. Für die sichere Nutzung der eID und des nPA ist eine PKI erforderlich. Die PKI des ePass und des nPA ähneln sich sehr stark. Der Größte Unterschied ist, dass der nPA EAC anstelle von BAC benutzt und somit einen besseren Schutz gewährleistet. EAC benötigt eine Authentifizierung des Lesegerätes, welches auf den Chip zugreifen will. Dafür benötigt das Lesegerät ein Berechtigungszertifikat, dass die Zugriffsrechte auf dem Ausweis bestimmt. Der Ausweis muss außerdem mit einer Reihe von Zertifikaten ausgestattet sein, die das Berechtigungszertifikat des Lesegerätes bestätigen können. Dies ist nur mit Hilfe einer umfassenden Public-Key-Infrastructure möglich, welche für den Zweck der hoheitlichen Kontrolle sogar grenzübergreifend sein muss.

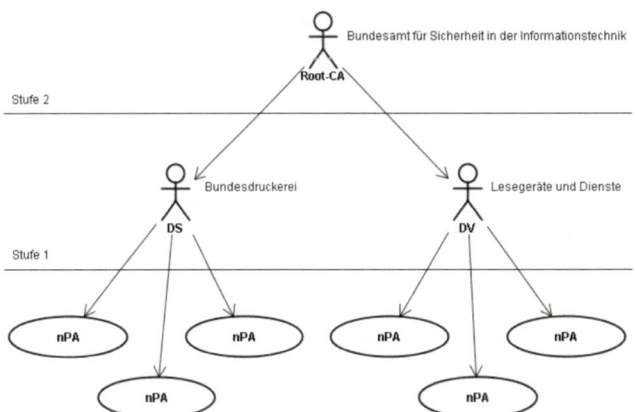

Abbildung 8 Struktur des PKI in Deutschland für den nPA

Um ein Zertifikat mit einem Ausweis nutzen zu können, ist die gesamte Zertifikatskette bis zur Root-CA (Certification Authority) erforderlich, welche vom BSI (Bundesamt für Sicherheit in der Informationstechnik) betrieben wird. Die CS-Ebene (Document Signer) wird durch die Hersteller der Ausweise repräsentiert, nämlich der Bundesdruckerei. Die DV-Ebene (Document Verifier) sind die Lesegeräte Hersteller und Dienstanbieter. Berechtigungszertifikate für Lesegeräte Hersteller und Dienstanbieter werden auf Antrag von staatlicher Stelle vergeben. Siehe Abbildung 10.

5.8 Digitale Signaturen [M]

Um die Authentizität und Integrität der Daten auf den Ausweisdokumenten sicherstellen zu können, werden diese digital Signiert. Durch die Signatur wird sichergestellt, dass die Daten nicht nachträglich manipuliert wurden.

Um eine zentrale Stelle zu haben, bauen alle beteiligten Länder eine globale interoperable Public Key Infrastruktur PKI auf.

In Deutschland ist es das BSI, welches die zentrale Stelle der Schlüsselverwaltung ist. Diese Stelle erzeugt einen zweistufigen PKI der aus dem Country Signing CA und dem Document Signer DS besteht.

Der CA ist die oberste Zertifikatenstelle eines Landes. Diese Stelle zertifiziert die Document Signer.

Die DS ist die berechtigte Stelle um Ausweisdokumente auszustellen. In Deutschland ist das die Bundesdruckerei.

Die Bundesdruckerei setzt einen Privaten Schlüssel (PS) ein um die Daten im Ausweisdokument zu schützen. Dieser PS muss vor dem unberechtigten Zugriff geschützt sein und wird deshalb in einem unbekannten Intervall neu ersetzt. Die DS wird danach an die ICAO übermittelt und per PKD an alle teilnehmenden Staaten verteilt.

Aber auch in den Ausweisdokumenten können die Zertifikate gespeichert werden.

Für beide Schlüssel ist eine bestimmte Verwendungsdauer festgelegt, damit im Falle einer Kompromittierung nur die Echtheit bestimmter Pässe in Zweifel gezogen werden kann.

Für den PK vom CA ist eine Zeit zwischen 3 -5 Jahren von der ICAO [15] festgelegt, für den PK vom DS ist eine Zeit von drei Monaten vorgegeben. Der öffentliche Schlüssel wird zwischen 13 – 15 Jahren und drei Monaten geändert. In Deutschland wird der ECDSA Algorithmus verwendet, um die digitalen Signaturen zu erstellen.

6. KRITISCHE ASPEKTE

6.1 Kritik am ePass [M]

Ein Reisepass muss nach der Ausstellung 10 Jahre gültig sein, dieses war zuvor nur dem Papier abverlangt. Mit der Einführung des ePass muss aber auch der RFID–Chip im ePass dieses erfüllen.

Diese RFID–Chips sind anfällig für Störungen der Nahübertragung. So könnten Störsender oder Blockertags dafür verwendet werden die Übertragung zu verhindern [19]. Eine solche Störquelle könnte aber mit der Abschirmung der Lesegeräte verhindert werden.

Weiter wurde die Zerstörung des RFID–Chips durch Fremdeinwirkung kritisiert. Es gibt drei Möglichkeiten diesen durch Fremdeinwirkung zu zerstören. Ein solches Vorgehen wäre mit sehr hohem technischem Aufwand behaftet und das Gerät wäre sehr groß.

Das Auslesen der physikalischen Daten ist auch nur schwer möglich und wieder mit hohem technischem Aufwand behaftet. Dabei würde der RFID–Chip schrittweise in atomare Schichten zerlegt und ausgelesen. Da die Daten auf dem RFID–Chip zusätzlich verschlüsselt sind, ist es wahrscheinlicher, dass fremde sich auf anderen Wegen Zugang zu dem Lichtbild und den Fingerabdrücken schaffen.

Ein Sicherheitsrisiko bietet auch das Extended Access Control. So können „Schurkenstaaten", sobald sie dem System angehören, ohne genaue Kenntnisse über EAC an den entsprechenden Zugangsschlüssel kommen. Damit hätten sie dann evtl. eingeschränkten Zugriff auf die Daten. [21]

Knapp die Hälfte der Passkontrollpunkte können den RFID–Chip auslesen, dies sind in Deutschland ca. 600 von 1000 [23]. Daher können die erhöhten Sicherheitsmerkmale nicht vollständig genutzt werden und die neuen Pässe sind zu diesem Zeitpunkt genauso sicher wie die alten.

Eine automatische Prüfung, ob eine Person auch der Passinhaber ist, ist noch nicht vollständig möglich. So werden im Hannover Airport nur das biometrische Foto einer Person abgeglichen, der

Fingerabdruck hingegen nicht [22]. Ein genauer Termin konnte laut Spiegel nicht genannt werden [23].

6.2 Kritik am nPA [B]

Es wurde schon vor der Einführung heftige Kritik an der Sicherheit des nPA geäußert. Jedoch wurde erst im September 2010 vom Chaos Computer Club ein Identitätsdiebstahl in der Praxis demonstriert [20]. Um sich im Internet zu identifizieren benötigt man zusätzlich zu seinem nPA ein Lesegerät. Bei der Identifizierung legt man den Ausweis auf das Lesegerät und gibt über die Computertastatur seine PIN ein. Genau hier wird eine Sicherheitslücke ausgenutzt. Durch den Einsatz eines Trojaners lassen sich die Tastatureingaben und somit auch die PIN abfangen. Dem Angreifer ist jetzt die PIN bekannt und er kann sich der Identität des Opfers bedienen und sich somit als der Besitzer ausgeben. Der Missbrauch funktioniert aber nur während der Ausweis auf dem Lesegerät liegt. Dies passiert komplett im Hintergrund und ohne die Kenntnisnahme des Ausweisbesitzers. Durch den Einsatz von Virenscannern lässt sich dieses Risiko jedoch minimieren aber nicht ausschließen. Abhilfe schafft erst die Verwendung eines höherwertigen Lesegerätes, welche im Gegensatz zur Basisversion eine Tastatur für die PIN Eingabe besitzen. Somit ist die Eingabe über die Tastatur nicht mehr nötig und die PIN lässt sich durch den Trojaner nicht mehr abfangen.

Problematisch ist allerdings, dass die Bundesregierung eine Millionen Basisgeräte bestellt hat und diese auch in den Umlauf gebracht werden. Vor allem sozial schwächere Menschen werden sich die Anschaffung eines höherwertigen Gerätes nicht leisten können und bleiben damit durch Angriffe von Trojanern verwundbar.

7. FAZIT [M, B]

Der neue Reisepass ist eine gute Entwicklung für die Zukunft. Ohne einen biometrischen Reisepass wäre die Einreise in bestimmte Länder, z.B. die USA, bald nicht mehr möglich.

Er gilt als eines der fälschungssichersten der Welt. Andere Reisepässe der europäischen Union werden im Schnitt häufiger gefälscht.

Was die Sicherheit der Daten anbelangt sehen wir keine Probleme. Einige Schwachstellen konnten unter Laborbedingungen umgangen werden, was aber in der Realität nicht möglich ist, da der Aufwand und die technischen Mittel zu hoch sind. Was aber in der Zukunft zu einen Problem führen könnte, ist ein z.B. unerwarteter Fortschritt in der Kryptoanalyse, der ein Umgehen bestimmter Sicherheitsverfahren ermöglichen würde.

Auch wurde als Kritikpunkt genannt, dass der RFID-Chip zerstört werden könnte. Sowohl durch Fremdeingriffe als auch durch eigenes Vergehen. Die Tatsache ist aber, dass der Reisepass trotz defektem RFID-Chip gültig bleibt und eine Person einwandfrei identifiziert werden kann.

Wir sehen keine Probleme darin einen Fingerabdruck oder ein biometrisches Foto auf dem Chip zu speichern, da jeder unter bestimmten Voraussetzungen an diese Informationen gelangen könnte.

Was leider von der Bundesregierung nicht abgeschätzt wurde, sind die Kosten. Der ePass wurde eingeführt, ohne dass eine genaue Kalkulation über die entstehenden Kosten erstellt wurde. Auch die Tatsache, dass bis heute der Reisepass nicht richtig, also nicht in vollen Umfang genutzt wird, ist enttäuschend (vgl. Kapitel 6.1). Genau diese Ausweisdokumente sollten mehr Sicherheit, bessere Handhabung und höhere Fälschungssicherheit bringen.

Der neue Personalausweis wurde unserer Ansicht nach übereilt eingeführt. Im Gegensatz zum ePass bestand beim Personalausweis kein dringender Handlungsbedarf. Im Vergleich zu anderen europäischen Ländern, insbesondere Italien, gelten die deutschen Personalausweise als extrem schwer zu Fälschen.

Die Anschaffungskosten für den Ausweis haben sich fast vervierfacht. Statt den üblichen 8 Euro kostet der neue Personalausweis 28,80 Euro. Die Deaktivierung oder Aktivierung der eID-Funktion, sowie eine neue PIN sind Gebührenpflichtig und müssen vom Inhaber getragen werden.

Zu begrüßen ist das Kreditkartenformat. Damit passt der Personalausweis in jede Brieftasche und gleicht sich somit den Personalausweisen anderer Länder an.

Die eID-Funktion wurde vor kurzem schon mit einfachen Mitteln geknackt. Zwar lässt sich dies durch den Einsatz höherwertiger Geräte ausschließen, jedoch kann man schon erahnen, dass es nicht mehr lange dauern wird, bis auch diese nicht mehr sicher sind.

8. QUELLENANGABEN

[1] Bundesministerium des Innern
http://www.personalausweisportal.de/DE/Presse/Bildmaterial/bildmaterial_node.html Abruf am 28.04.2011 um 21:54 Uhr

[2] Olaf Henniger, Dirk Scheuermann, Ulrich Waldmann 2006. Usability of holographic data storage technology for biometric data in governmental ID documents. Fraunhofer Institute for Secure Information Technology SIT

[3] Bundesdruckerei GmbH
http://bundesdruckerei.de/de/presse/presse_fotoarchiv/fotoarchiv_persDok/index.html
Abruf am 28.04.2011 um 21:55 Uhr

[4] International Civil Aviation Organization. Document 9303 Part 1 Volume 1
http://www2.icao.int/en/MRTD/Downloads/Doc%209303/Doc%209303%20English/Doc%209303%20Part%201%20Vol%201.pdf Abruf am 28.04.2011 um 21:56 Uhr

[5] International Civil Aviation Organization. Document 9303 Part 1 Volume 2
http://www2.icao.int/en/MRTD/Downloads/Doc%209303/Doc%209303%20English/Doc%209303%20Part%201%20Vol%202.pdf Abruf am 28.04.2011 um 21:56 Uhr

[6] International Civil Aviation Organization. Document 9303 Part 3 Volume 1
http://www2.icao.int/en/MRTD/Downloads/Doc%209303/Doc%209303%20English/Doc%209303%20Part%203%20Vol%201.pdf Abruf am 28.04.2011 um 21:56 Uhr

[7] Bundesministerium des Innern
http://www.bmi.bund.de/cae/servlet/contentblob/142738/publicationFile/13144/ePass_Fotomustertafel_de.pdf
Abruf am 28.04.2011 um 21:57 Uhr

[8] How Stuff Works. Discovery Communications.
http://science.howstuffworks.com/fingerprinting1.htm
Abruf am 28.04.2011 um 21:57 Uhr

[9] National Institute of Standards and Technology
http://patapsco.nist.gov/imagegallery/
Abruf am 28.04.2011 um 21:57 Uhr

[10] Bundesamt für Sicherheit in der Informationstechnik
TR-03121 Technical Guideline Biometrics in public sector applications.
https://www.bsi.bund.de/SharedDocs/Downloads/EN/BSI/Publications/TechGuidelines/TR03121/TR-03121-1_Biometrics_1_0_pdf.pdf?__blob=publicationFile
Abruf am 28.04.2011 um 21:59 Uhr
https://www.bsi.bund.de/SharedDocs/Downloads/EN/BSI/Publications/TechGuidelines/TR03121/TR-03121-2_Biometrics_1_0_pdf.pdf?__blob=publicationFile
Abruf am 28.04.2011 um 21:59 Uhr
https://www.bsi.bund.de/SharedDocs/Downloads/EN/BSI/Publications/TechGuidelines/TR03121/TR-03121-3_Biometrics_1_0_pdf.pdf?__blob=publicationFile
Abruf am 28.04.2011 um 21:59 Uhr

[11] Bundesamt für Sicherheit in der Informationstechnik. TR-03110 Advanced Security Mechanisms for Machine Readable Travel Documents – Extended Access Control (EAC), Password Authenticated Connection Establishment (PACE), and Restricted Identification (RI)
https://www.bsi.bund.de/SharedDocs/Downloads/EN/BSI/Publications/TechGuidelines/TR03110/TR-03110_v205_pdf.pdf?__blob=publicationFile
Abruf am 28.04.2011 um 22:01 Uhr

[12] Michael Everson. ISO 3166-1: The Code List
http://www.evertype.com/standards/iso3166/iso3166-1-en.html Abruf am 28.04.2011 um 22:01 Uhr

[13] Bundesamt für Sicherheit in der Informationstechnik. Untersuchung der Leistungsfähigkeit von Gesichtserkennungssystemen zum geplanten Einsatz in Lichtbilddokumenten.
https://www.bsi.bund.de/SharedDocs/Downloads/DE/BSI/Publikationen/Studien/BioP/biopabschluss_pdf.pdf?__blob=publicationFile Abruf am 28.04.2011 um 22:01 Uhr

[14] Bundesamt für Sicherheit in der Informationstechnik. Digitale Sicherheitsmerkmale im ePass 1.6.2005

[15] International Civil Aviation Organization. Technical Report – Machine Readable Travel Documents Development of a Logical Data Structure – LDS for Optional Capacity Expansion Technologies Revision 1.7 18.05.2004

[16] Wikimedia Foundation
http://upload.wikimedia.org/wikipedia/commons/6/68/Adenauer_MRZ_2.svg Abruf am 28.04.2011 um 22:01 Uhr

[17] Datenschutz und Datensicherheit 3 | 2008
https://www.bsi.bund.de/SharedDocs/Downloads/DE/BSI/ElekAusweise/DuD/DuD_3_2008_Sicherheitsmechanismen_Personalausweis_pdf.pdf?__blob=publicationFile
Abruf am 28.04.2011 um 22:02 Uhr

[18] Diffie W., Hellman M.E., New Directions in Cryptographie, IEEE Transactions on Information

[19] Bundesamt für Sicherheit in der Informationstechnik. Risiken und Chancen des Einsatzes von RFID-Systemen. ISBN 3-922746-56-X

[20] erdgeist , Chaos Computer Club, Praktische Demonstration erheblicher Sicherheitsprobleme bei Schweizer SuisseID und deutschem elektronischen Personalausweis
http://www.ccc.de/de/updates/2010/sicherheitsprobleme-bei-suisseid-und-epa Abruf am 28.04.2011 um 22:02 Uhr

[21] Joeran Beel, Bela Gipp 2005. ePass – der neue biometrische Reisepass. Shaker Verlag. ISBN 3-8322-4693-2

[22] Bundespolizei Hannover Airport. Tel. +49 (0)511 7281-0. www.bundespolizei.de. bpolifh.haj@polizei.bund.de

[23] Spiegel. Grenzer können den E-Pass nicht lesen. April 2007
http://www.spiegel.de/netzwelt/web/0,1518,479019,00.html
Abruf am 28.04.2011 um 22:02 Uhr

[24] WSQ Fingerprint Image Compression
http://www.nist.gov/itl/iad/ig/wsq.cfm
Abruf am 24.05.2011 um 15:58 Uhr